Danza de cuatro brazos

MUSEO SALVAJE

Colección de poesía

───────────────

Poetry Collection

WILD MUSEUM

Silvia Siller

DANZA DE CUATRO BRAZOS

Nueva York Poetry Press®

Nueva York Poetry Press LLC
128 Madison Avenue, Oficina 2RN
New York, NY 10016, USA
Teléfono: +1(929)354-7778
nuevayork.poetrypress@gmail.com
www.nuevayorkpoetrypress.com

Danza de cuatro brazo
© 2019 Silvia Siller

© Prólogo:
Patricia Camacho Quintos

© Contraportada:
Fredy Yezzed

ISBN-13: 978-1-950474-26-4
ISBN-10: 1-950474-26-7

© Colección *Museo Salvaje* vol. 9
(Homenaje a Olga Orozco)

© Concepto de colección y edición:
Marisa Russo

© Diseño de colección y cubierta:
William Velásquez Vásquez

© Fotografía: Celestial Dancer (Devata),
sculpture, mid-11th century.
Accession Number: 2015.500.4.14
Metropolitan Museum of Art.

Siller, Silvia
Danza de cuatro brazos / Silvia Siller. 1ra edi-- New York: Nueva York Poetry Press, 2019. 104p. 5.25" x 8".

1. Poesía mexicana. 2. Poesía norteamericana. 3. Literatura latinoamericana.

Todos los derechos reservados. Esta publicación no puede ser reproducida, ni en todo ni en parte, ni registrada en o transmitida por, un sistema de recuperación de información, en electroóptico, por fotocopia, o cualquier otro, sin el permiso previo por escrito de la editorial, excepto en casos de citación breve en reseñas críticas y otros usos no comerciales permitidos por la ley de derechos de autor. Para solicitar permiso, contacte a la editora por correo electrónico: nuevayork.poetrypress@gmail.com

Prólogo

Poemario claro y a la vez complejo, en su urdimbre *Danza de cuatro brazos* reúne filosofía, misticismo, rebeldía, profundo conocimiento de la danza y maestría poética. Si bien tiene como hilo conductor la danza cósmica de Shiva-Shakti, este libro abarca diferentes maneras de concebir, honrar y danzar a la divinidad. Su autora, Silvia Siller, lo hace de forma diáfana, como sólo puede hacerlo quien ha cribado el conocimiento a través de la experiencia, hasta convertirlo en saber y elevarlo a los más altos vuelos de la poesía.

Si es el Dios Shiva el que sostiene al Universo, es su concubina, la Diosa Shakti, la que permite la gran danza universal. Es a esa danza a la que se refiere Silvia Siller en este poemario, pleno de fuerza femenina: "La danza brota, destruye,/ regenera, renace fecunda Shakti/ se manifiesta el baile del mundo". En ella, la poeta evoca al fuego, a la brisa, a una gota de sudor como la expresión de la chispa primigenia que moviliza aún lo no visible y lo aparentemente inanimado. "El agua reúne a todas las danzas del mundo,/ emerge del mar/ aprende a caminar como anfibio,/ sin más ritmo que el rocío de la espuma/ que viaja por su espalda./ *In crescendo*,/ una llovizna arrecia en tormenta/ dibuja un mambo número caos(…)". Es la gota que tras un largo proceso regresa al mar y se funde con el todo. Como el iniciado en el camino espiritual, que procede de la gran fuente y una vez realizado regresa a ella para fundirse con el absoluto. Ese *In crescendo* es el ascenso de la energía que recorre por la shushumnã (la columna vertebral), desde el mūlādhāra chakra (en la parte baja de la espalda) hasta el sahasrāra (en la coronilla de la cabeza).

Somos una gota que proviene del mar; espíritu materializado. En esta *Danza de cuatro brazos*, ese espíritu se materializa en la coreógrafa alemana Sasha Waltz, a quien se le llegó a llamar "la nueva Pina Bausch" y de quién Silvia Siller escribe: "Sasha tendrá la edad que tú tendrás/cuando sepas que lo importante es comprender el mar/con sus remolinos de perlas/los que nacieron de la irritación de la concha/ (….) Hay un relámpago de danza donde ha nadado el gran pulpo./Es la huella de sus tentáculos que soplaron olas desde el fondo./ El pulpo disparó tinta en amenaza del desequilibrio,/ la danza comprende el mar como metáfora del alma."

La gota del mar también destaca, para Silvia Siller, en la coreógrafa española Ángels Magaritt, cuyo espíritu lúdico se cifra por la poeta en estos versos iniciales: "Música en verso libre en el estudio,/luces, ondas con fondos de amapolas./El cuerpo busca bordar ruedos al aire/y seducir donde se hacen dobladillo las notas(…)".

La gran danza de Shiva se apresta a destruir con uno de sus brazos, en palabras de la poeta "cuya mano…transmuta el fuego". Entonces Siller eleva su canto a las danzas prohibidas, en distintos momentos de la historia y en diversas geografías; lo mismo en México, que en Irán, en Argentina o en España, donde la censura no detuvo a la danza, porque danzar es inherente a la vida.

Entonces Shiva se apresta "des-pa-ci-to (…) extiende su otra mano, baila la danza cósmica, el Tandava", que en la tradición hindú es el frenético danzar de Shiva, tan vigoroso, que es la fuente de creación, preservación y disolución del universo. El Tandava es considerado como una meditación en movimiento, que permite liberar al cuerpo de atavismos. En yoga es una forma de meditación donde se da lugar al movimiento espontáneo, donde Shiva y Shakti reconcilian al cuerpo con su parte masculina y femenina. Y, consecuentemente, Silvia Siller escribe una serie de poemas sobre danzas de la fertilidad. Ahí aparecen evocados el mundo maya, el hindú, el coreano, el egipcio, el totonaca, el quechua, el japonés…

Da paso entonces a las danzas de guerra, donde "Shiva somete la cobra de la ignorancia y el miedo". Entonces la poeta evoca, entre otras, a la Danza del venado, a la Katakhali, la de Mata Hari en Java y la del ballet ruso en el ocaso de la Rusia zarista: "Matilda ensayó hasta la sangre con su intuición de territorio conquistado, con la intimidad de su puño".

En este libro, la autora eleva el espíritu de sus lectores en una línea ascendente de Shakti, que se expresa en poemas que nos llevan a las danzas de Catherine Habasque, bailarina parisina, coreógrafa, productora y fundadora de la Compañía Danzas para el Mundo; Matilda Kashinskaya, bailarina rusa del Teatro Imperial; Trisha Brown, bailarina estadounidense que formó parte de los fundadores de la danza postmoderna, y Loïe Fuller, bailarina, actriz, productora y escritora estadounidense que introdujo impresionantes efectos visuales con telas y luces que se desplegaban como parte de su vestuario y gracias a sus movimientos. Esto, por citar sólo algunas de las figuras que la también bailarina Silvia Siller trae a cuenta en sus versos.

Un poema clave en este poemario es "El estudio vacío", donde el enigma de la danza, que va más allá de los cuerpos físicos, anima a Silvia Siller a cantar: "(…) espíritus de bailarines muertos/que quedaron en el olor a polvo con leotardo/que no ha sudado la última coreografía/ahí donde fueron felices.// El estudio que prevalece vacío/al apagar las luces/está repleto de deseos que se quedaron palpitando.//El estudio vacío es la única danza perfecta".

Cosmopolita, culta, ecuménica, con una espiritualidad profunda y expansiva, la de Silvia Siller es una poesía universal. Que empiece, pues, la danza de Shiva-Shakti, en la lectura de estos versos.

PATRICIA CAMACHO QUINTOS
Poeta
Investigadora Titular Tiempo Completo
del Centro Nacional de Investigación,
Documentación e Información
de la Danza *José Limón*,
México

Este poemario fue finalista de entre ochocientos cuarenta y nueve poemarios del concurso Iberoamericano Entreversos de la Fundación Mar Azul de Venezuela en el 2017. El seudónimo usado fue Terpíscore, diosa griega de la poesía y de la danza, y el título original fue: Los cuatro brazos de Shiva. Silvia Siller y New York Poetry Press son los responsables de esta edición.

¿Fuego? ¿brisa?
¿Quién bailó primero en una chispa de sudor que emancipa los sentidos?

Nuevo Génesis

1:26
Entonces dijo Dios: Hagamos al bailarín a nuestra imagen conforme a nuestro movimiento y señor en los escenarios del mar, en los ritmos de los cielos, en las coreografías, en toda la tierra, y en todo folclor que se baila sobre la tierra.

1:27
Y creó Dios al bailarín a su imagen, a imagen de Dios lo creó; bailarín y bailarina los creó. Y vio que era bueno.

1:28
Los bendijo diciendo: "Procreen todos los ritmos posibles, todos los movimientos que alcance el cuerpo en el regalo del reino, empiecen imitando la naturaleza, separando el sol de las tinieblas, las palmeras, la olas, los vientos, el caminar de las bestias, que todo sea pulso y ondas melódicas sobre la tierra".

1:29
Y dijo Dios: "Todo lo que os he dado, toda fruta y toda su semilla, en todos sus colores, separarán las suaves de las duras y rasparán las cáscaras después de comerlas, y las secarán al sol para hacerlas instrumentos, guardarán los granos, y harán todo tipo de maracas que levanten los pies de las arenas para alegrar mi reino".

1:30
A cada bestia, a cada ave, a cada reptil le asignarán su propia danza y todas serán regidas por el bailarín y la bailarina en el gran teatro del lenguaje. Y tras la caza de animales, separarán las pieles y harán tambores en los huecos de las piedras para imitar mi corazón. Y así fue.

1:31
Vio Dios todo lo que había hecho, y que era bueno en la gran orquesta. Y fue la tarde y mañana del día sexto. Dios descansó con las danzas de la brisa escritas con su dedo, Dios supo que las brisas eran tan sólo su aliento, la semilla que multiplicaría las estrellas, las arenas y las danzas de la tierra.

En la India en el año 400 A.C. sólo las personas de las castas más altas podían bailar a las deidades dentro de los templos.

I

Primer movimiento

DEL AGUA

El agua reúne a todas las danzas del mundo,
emerge del mar

aprende a caminar como anfibio,
sin más ritmo que el rocío de la espuma
que viaja por su espalda.
In crescendo,
una llovizna arrecia en tormenta
dibuja un mambo número caos.
Nace un compás híbrido que brinca,
ya es rana
y tras brincar, croa
vuela,
croa la primera danza.

LA EDAD DE SASHA WALTZ

Sasha tiene la edad que tú tendrás
cuando sabrás que lo importante es
comprender el mar
con sus remolinos de perlas
los que nacieron de la irritación de la
                                            concha,
donde cada ola es espesura
que ha devorado su arena.
No hay danza pura sin estruendo,
sin orilla frente al acantilado,
sin jadeo, frente a la muerte.

Es pasión que obedece el péndulo del agua
para que el desenlace revolucione el horizonte.
Tendrás la certeza que los dioses
ordenarán que se desnuden los árboles de su cortezas
para que la savia traduzca la raíz.
Hay un relámpago de danza donde ha nadado el gran
                                              pulpo.
Es la huella de sus tentáculos que soplaron olas desde el
                                              fondo.
El pulpo disparó tinta en la amenaza del desequilibrio,
la danza comprende el mar como metáfora del alma.

DEL MOVIMIENTO

De la chispa al alba
se derrite un copo de nieve,
nace un botón brota la luz,
estoy en la puerta del pulso
que fue sueño en la meditación de Shiva,
es sangre de vena
persiguiendo el recorrido del hombro
bajo un metrónomo en movimiento, llego al codo;
línea de la vocal a la Z, desde la falange hasta la entraña
para dejarme ir en el vórtice de ritmos.
Se crean islas,
danzas desde la lava que eyaculan los volcanes;
sus vapores escalan pentagramas, vuelan,
hierven al compás por el experimento del cuerpo.
Soy viajero en el vientre de la danza:
advierte lo efímero del ardor que manifiesta la plegaria.

LOS CUATRO BRAZOS DE SHIVA NATARAJA
despiertan en rehilete,
entre incienso,
con la brisa que esparce un mándala de arena.
Varón y hembra la tiñen con especias de anís y
cardamomo y se hincan para agradar al dios de la danza.
Una luz se traza en la arena de colores
como destilación de luna durante el eclipse
que averiguaremos en lo centrífugo de su mirar
en el incendio del cosmos con su tercer ojo;
pinceladas de cuatro brazos que navegan el aire
y diseñan la creación.
La danza brota, destruye,
regenera, renace fecunda a Shakti
se manifiesta el baile del mundo.

DE LA TIERRA

Del lodo se asoma la serpiente con sonaja,
desliza su cola en jazz
y el cascabel anuncia veneno
avanza,
sabia de su colmillo seductora
mudez peligrosa amenaza y cambia de ritmo.
Cinco, seis, siete, ocho...
conspira bocados anfibios que apenas son
delicia;
baila al son de la grama,
repta, saca la lengua,
lame sus colmillos,
y en la vuelta
ataca.

Coreografía de "El bailarín del desierto"

A Richard Raymond

Palpa sin tocarme,
ve hacia mi aroma como arena
que anticipa del agua tan sólo unas gotas.
Sucumbe al aliento que experimenta
la adrenalina de la guerra
recuerda cómo nos revolcamos en el miedo
y nos embadurnamos de lodo.
Retén el temor un instante,
prueba la sal con la punta de la lengua, libera.

Ven, transmuta la técnica,
medita la perla de tu huella
sin codiciar la gravedad,
que la extremidad revele el eslabón siguiente,

el ademán que enlaza las brújulas.
Baila como fin de Ramadán,
purifica el ayuno de cada movimiento,
que por fin, llega la promesa.

La mirada de la coreógrafa

> *Coreografiar es más racional, me permite distanciarme de mí misma,*
> *tratar de traducirme el mundo.*
> ÁNGELES MAGARITT

Música en verso libre en el estudio,
luces, ondas con fondo de amapolas.
El cuerpo busca bordar ruedos en el aire
y seducir donde se hacen dobladillo las notas.
Enfrasco la mente para diseñar bailes
que pasan de sueño a volumen
impregnan la magia de andamios,
cada fragmento esboza una versión,
y adivina el tiempo,
resiste el juicio, la crítica, la competencia.
Silencio sabotaje
contaminar las amapolas cuya fragancia embriaga al
                                                                             teatro.
Mi túnel de semillas siembra los alcances del cuerpo.

EL ORIGEN, LA DANZA DE LA CARNADA

Científicos hallan en cueva eslovena huevos de olms, que parecen de salamandras, pero son huevos de dinosaurios.
Postojna, Eslovenia

Volvamos al aullido,
a mujeres neandertales que atraen al mamut
y al rinoceronte lanudo
mientras sus hombres se esconden mugen, cazan.
La danza de la carnada con flechas y prehistoria
y aroma de flauta de fémur, de estirpe salvaje.
Gemidos entre estalactitas de cueva y roca.
Danza, protesta de voz encapsulada,
es hambre es sueño es ganas,
tuétano, vértebra de sangre.
Pronuncian onomatopeyas,
voz médula,
lenguaje entre colmillos.

II

Danzas prohibidas del primer brazo de Shiva
Cuya mano ... transmuta el fuego

EL BAILE DE LA CRISÁLIDA
[Danza Mohiniyaattam, India[1]]

Tras bambalinas, soy gota, una semilla, una uva, una aceituna danzando para convertirme en mujer.
Desde mi crisálida nace el manantial que emana de mis ojos, obedezco la misión de Vishnu. Soy seductora con el cetro de cobra; soy ímpetu que claudica los demonios.
El aire moldea mi cuerpo, al dos por instinto. Sigo viva, recobro el elixir de la inmortalidad, la *amrita,* como legado de mis ancestros.
Danzo en el poema y en el fervor de los ángeles postrados a los pies de Brahma y pronto soy hada, diva, cobra, imán que hechiza, incito la sed del enemigo como una raíz reseca bajo la tormenta.
Mi baile nace del tratado de las danzas de Kerala, y hace de mi cuerpo de hiedra, una espada.

---

[1] Esta danza se prohibió en Gran Bretaña durante los años treinta.

AMOR BRUJO

Mi desierto cubierto de huellas,
emancipa la fogata encendida,
quizá estuve bailando en sueños ese brujo de ámbar y canela.
Huele a sahumerio la lejanía,
circulan siluetas que vuelven
mientras desvanece la leña;
cuántos fuegos sobreviven.

Tanta sal, tanto destierro hecho arena movediza que
extirpa su verdad a la noche en las cuevas gitanas del
silencio.
No me despertéis. La vida reclama sueños prestados y
lágrima liberadora.
Nos encandilamos con la esencia de la chispa, tocamos el
nido azul del fuego.
Cada noche las chispas son puñales de luz que se
arrodillan y arden.
(...) *lo mismo que el fuego fatuo lo mismito es el querer Le huyes y
te persigue le llamas y echa a correr* (...) [2]

---

[2] Fragmento de la canción inspirada en Manuel de Falla de la película de *Amor brujo* de Carlos Saura.

DANZA DEL AGAVE

El 31 de diciembre de 1885 Juana Mesquite baila por última vez alrededor del agave, cuando termine, el idioma coahuilteco morirá en su vientre.

Juana mece su cuerpo descalza entre espinas,
canta en coahuilteco el porvenir de las tunas,
esconde el rostro en el sombrero,
desliza de un hombro el rebozo de su bisabuela.
Baila entresacando hilachas de una penca
que lleva como condena la maldición del cactus,
por que atrás se encontraron dos lenguas y nació otra sangre.
El agave roba un néctar a la tierra y lo hace pócima,
los amantes fermentan el hambre.
Fragmentaron la planta, desfibraron los hilos,
extrajeron la pulpa con machete.
Filamento a filamento, sacaron agujas de las espinas y alabaron su raíz.
Embriagaron con aguardiente el goce.
El pueblo baila con Juana al caer la tarde, cuando el sol se distrae y la sombra del maguey saca las uñas. Entra la Juana noche reina néctar, agave de la tierra.

SE PROHÍBE BAILAR

> *Hay que bailar en el desierto donde no nos alance el régimen,*
> *ahí nadie nos encontrará.*
> AFFSHIN GHAFFARIAN
> Irán 2009

Por más que se prohíba bailar
explotan movimientos que abren puños.
No se enjaula la duna, ni el color verde.
Los añicos de piedra esparcen las leyes de la utopía.
Hay caminos trazados bajo el viento
que el bailarín encuentra
hasta que lo borra la brisa.
Bailar es credo bandera enterrada
como decir *¡basta!* con el cuerpo,
con la boca que estuvo amordazando su parto.
El peligro de la danza se rinde
con el cobre de la piel en su temperatura,
con la ebullición de la venganza.
La danza encarcelada irrumpe en sudor,
la arena parcha con su golpe de tormenta.
Los barrotes funden los pasos del baile,
y el sol derrite los metales de los cuerpos en fuga.

El Oblivion de Piazzola

Un rayo atraviesa la noche,
quiere ser relámpago,
línea que separa a los que se quedan
de los que se marchan
tabú de adolescencia,
rumor de pasión que redondea fronteras,
volcán que aún no libera su lava.
Danza, recién parida al rechinar de zapato que pisa una
                                                                        colilla,
nublada por el último sorbo de humo
entre un par de ojeras.
Quiere ser collar de perlas,
un jadeo de guerra,
quiere ser tango.

Danza khaliji, la danza de vientre

A la niña Tahiya le enseñaron
que debe esperar
a que una tormenta despierte la música del desierto en su
ombligo y robe el hechizo mirada de serpiente.
A que dunas, palmeras y dátiles
alumbren sus hombros al color de la lira.
Tahiya bailará cuando logre que duden si sus curvas
han deseado más allá del oasis.
Mientras los manantiales
descifrarán sus caderas
y sus pechos llenos de preguntas.

Feliz gota, pequeña muerte

¿De quién brota esta gota de sudor que cae en mi mano?
Esa gota no salpica, bautiza la otra cara de mi sombra, poniéndola de pie frente a la intimidad del artista. Sueño etérea en Casa Patas, tablao donde *el duende* es plaga. Hay cajón, los cantes, las palmas, el bailaor y la guitarra copulan simultáneos en el cierre del tango flamenco de Domingo Ortega.
Me calló la gota para murmurarme que su pelo también baila, que sus tacones son vivo relámpago, que en cada vuelta, electrocuta con esa violencia controlada.
Cuando el público retiene el aire y el alma, cuando pondera, él embiste en seco y taconea como el granizo. Balacera de sombras. Qué feliz gota. *Qué pequeña muerte.*

(Casa Patas. C/Cañizares, Madrid. 11:00 pm)

III

Danzas de la fertilidad
Des-pa–ci-to Shiva extiende su otra mano, baila la danza cósmica el Tandava para la creación del mundo

IX-CHEL, DIOSA MAYA DE LA LUNA, BORDA DILUVIOS

Para tejer el arcoíris
Ix-Chel baila el cántaro de agua
tras el beso del sol,
al último sorbo de mar
mientras vigila la preñez de las mujeres.

Ix-Chel se reinventa,
muda su piel de víbora
y renace cada primavera con la lluvia.

Preserva árboles y lunas,
salta conejo entre la hierba,
mide distancias entre siembra y cosecha,
borda diluvios con las agujas de hueso de su falda.

Entre dioses héroes y demonios de Costa Malabar

> *Sobre la espina dorsal al son de los cascabeles*
> *la danza del kathakalli.*
> Franco Battiato

Devendra baila con la mitad de su risa,
con la mitad de su cosecha,
con la mitad de la hoja que cae,
con la mitad de este poema.

Danza en el té de cardamomo que bebe mientras me espera.
Todo es mitad verdad y mitad mentira
en la soledad triste del espíritu.

Danza Kathakalli, recuenta mil leyendas
con máscaras, monstruos, semidioses con voces distorsionadas.
El pueblo se pregunta en su ritual:
¿Será que existen tras las guerras? ¿Dónde se esconden las medias naranjas?

Danza de los abanicos en Corea

Pétalos de plumajes...
pensé que eran alas,
pensé que eran obleas,
que obedecían a la dulzura del viento,
con los matices de las ninfas.
Pensé que sus brazos de bailarinas
su cabello recogido,
sus vestidos impregnados del eco de jilgueros,
imitaban a las flores y su rezo.
Suaviza el ulular de la flauta desvaneciéndose.
Sospeché que en el pregón
de cada pétalo alado
se inyectaba un color al cáliz y a los sépalos.
El inminente baile de nodrizas
coreografiaba la música de la emperatriz de terciopelo.

PINTURA DE BAILARINAS EN EGIPTO

Cuatro bailarinas desfilan por la Calzada de Unas
hacia la pirámide de Giza.
Con su desliz de cobras con arpa, liras
y un lejano hipnotismo de laúd.
Un oboe atrae a una niña de barro
quien aparece con el don del ocre
y que se esconde en el beso
que la diosa *Hathos* posa sobre la tierra.
La bautiza con polvos de estrellas:
Amunet Uatchit, la llama, diosa del *misterio* y de la *danza*
con gesto de arcilla; sus brazos, promesa,
sus manos, deleite,
y sus ojos Nilo.

VOLADORES DE PAPANTLA

Vimos retoñar la danza en el aire.
Bailaban los loros, la brisa y la sed.
Llamaban a la lluvia con sonido de flauta,
pero llegó el mar de jade.
Emanó la tormenta del buche de *Tláloc*
para aliviar la sequía.
Se congregaron analistas de cosechas,
dioses totonacas, pies y percusiones.
Dejaron parir al aire cuatro hombres
con plumas hacia los puntos cardinales
Ya aterrizan en ritmo de surtidores
que riegan y se desenrollan como espirales.
Son mensajeros de *Tláloc*,
danzantes y soldados;
traen el mar de jade,
toda la ofrenda prometida de lluvia.

EL SEBUCÁN, PALO DE LAS CINTAS [Pariaguán, Venezuela]

> (...) *Este lindo Sebucán se abre como paraguas,*
> *tiene cintas de colores y en el medio la encarná* (...)

Mientras elijo la cinta para zigzaguear el arcoíris
mis tías tejen coladores para yuca rallada,
ya me esperan en la plaza los colores del Sebucán.
Desde los aviones,
seremos canastas girando la alegoría del agua.
Mi abuela dijo:
"Se aprende de la gracia de la culebra verde gallo
que esquiva y redondea, en silencio".
Tejer y destejer la vida como guarichas
abrir el paraguas en el momento justo
desenhebrar los colores y distinguirlos;
hacerse olas, empalmar la humanidad
como canasta de yuca,
más allá del bien y el mal,
más allá del blanco y el negro.

DANZA TIJERA
[Atipanacuy, Ayacucho]

Bebes agua en quechua, amas en quechua, renaces del amanecer en quechua, se te aparece en sueños la primavera, luego bailas la danza de las tijeras. Si te empeñas, si puedes con el filo del crepúsculo, si el tintineo de tus tijeras se impregnó de la tonalidad del agua de manantial en la ceremonia del permiso.
Cada cuerda del arpa y el violín rechina en el duelo, te enfrentas, recortas, con cada parte del cuerpo, tiemblas, afilas y la verdad, la succionas de los ancestros.
Con risas de travesura, les prendes fuego en la olla de barro; con manojos de ruda y coca, ya eres pájaro metálico de colores con penachos gruesos de media luna.
Los *dansaqs*, hijos de *Wamani*, el señor de las montañas, rezan, juran, convocan las esencias de Ayacucho, Huancavelica, Apurimac, Arequipa logran las proezas del cuerpo del carácter cortante. Son los héroes de resistencia, acróbatas inmunes, danzantes tijera.

Meditación de la danza del agua

> *Las moléculas del agua responden a la energía meditativa*
> Dr. Emoto

Del agua, olas,
del cuerpo, baile
infusión de amor, hermosura,
agradecimiento, luz.

Cada línea del cuerpo baila su palabra hace florecer su savia, su aliento del polen, su X que descifra el álgebra, el baile que emana el suero de su raíz. Vibran instantes, alientos apenas de la primera pose y se crean versos como telarañas, colores disueltos.
La danza como sastre que oculta sus costuras, como meditación que purifica el agua.

DANZA DE LA GEISHA

Yuiko agita sutil el abanico.
Impregna la brisa del cerezo,
gira la cabeza,
velero sobre el lago,
melodía de *shamisen,*
ese banjo, estira el canto de delfín.
La danza exige el robo,
momento de flor que brota al mediodía,
manjar de diosa.
La danza el sueño las nubes,
flotar en el lirio,
sombrilla de péndulo,
espada o parasol.
La danza gusano de seda se torna de flor a amatista.
El kimono se desliza cola de sirena, avanza secreto de
pasitos, a penas se arrodilla recoge la tetera, la acaricia,
humilde porcelana, rostro de nieve, luz arrepentida de
vela, triángulo de piel, flecha espalda.

IV

Danzas de guerra

Shiva somete la cobra, la ignorancia y el miedo.

DANZA DEL VENADO
[Danza yaqui de Sonora, México]

Entra un cazador de muslos desnudos,
y se esconde tras el tambor de agua.
Asecha la sed, el hambre, el miedo,
pero el grito de guerra
lo emite la obsidiana
como voz que opaca el desierto.
No anticipa caídas,
lleva con garbo los cuernos
hasta que se nubla la vista,
escucha el correr de cascabeles
huele a enemigo el sonido de la flauta
y alertan sonajas,
mientras la punta de lanza le ha perforado el futuro.
El venado oscila entre la arena,
pierde la guerra
en el desierto.

CLAVO DE (D)OLOR EN LAS MUJERES
[Norte de la India, 2o Gobernante Mugal. Origen de la Danza Kathakalli]

Cuando el Khan Jumaiún retira sus soldados de la India le aconsejan dejar una lanza clavada en la pierna de cada hombre.
El Khan dejó la danza clavada en sus mujeres... trovadoras que reverdecen, con cascabeles al tobillo ritmo en el rojo de sus pies como sangre que ha enfrentado batallas.
Surita baila Kathak con toda fuerza, con todo lo que perdió y ganó en la guerra con añoranza de amante y aroma de clavo. Da vueltas y vueltas el trompo de su falda, al este y al oeste, hasta que el pie se detiene.
Calla a la tabla, el *harmonioum* y el *sarangi*[3] todos obedecen sigue coqueta de brazos y hombros, meñiques altos y pellizcos de falda, la trenza larga juego de almas recicladas, de milenios de historia y aromas clavados en la entraña del tiempo.

---

[3] Instrumentos musicales de la India de esta danza.

MATA HARI

Margaretha aprendió a bailar sobre las marismas de Java y entre los bambúes de Sumatra. Se movía mientras su piel titilaba la temperatura del dragón de Komodo. Entre metales y telas que acariciaban su cuerpo enamoraba a los contrincantes de la guerra. Acallaba sus deseos de la carne y encendía otras batallas.

Encontró exotismo y joyas en el camino, como husmear en la niebla el mapa para cumplir sueños. Su baile de espía conoció el beso de la piedra. En Holanda, Mata Hari es una estatua en Leeuwarden. Y en las noches de luna llena escuchamos el tintineo de brazaletes, el avanzar de pies descalzos con cascabeles, y una risa de niña inocente.

Matilda Kshesínskaya remoja las sandalias de los bailarines del teatro Mariinsk en agua del primer deshielo. Extiende en el escenario la floración de lirios para el último zar.

Matilda ensayó hasta la sangre con su intuición de territorio conquistado, con la intimidad en su puño. Su danza fue la de un hada, el rastro de fragancias de San Petesburgo.

Matilda amó su recinto de doncellas para que se llenaran de botas bolcheviques, o para que Lenin se afeitara las barbas. Las hadas vuelven como la historia salva y emergen volutas de polvo en los escenarios de Rusia que al primer deshielo de primavera traen a Matilda a lavar sandalias de los bailarines y lo rojo de las suyas.

LA DANZA CONTRA EL TIEMPO

Catherine Habasque ya no tiene edad para ser la primera bailarina de la compañía, pero entra a París y las farolas quemadas parpadean igual que se enciende la luciérnaga.

Y escuché un llanto rezaba el programa de Habasque, como profecía, como lágrima sin brote desviada al sudor del cuerpo.

Y los años tornaron los ejercicios en simulacro de temblores, estudios de pared descascarada donde se reciclan humo y melancolía.

Catherine rompió sus reglas del ballet de infancia. Escapó a la rigidez, se volvió niebla. El vaho en el espejo de un camerino traduce un llanto, un alarido del viento.

EX DIVA

> *Mientras bailo no puedo juzgar.*
> *No puedo odiar, no puedo separarme de la vida.*
> HANS BOS

La ex-diva dejó su abrigo de piel en la tercera fila, quiso saciar su sed con champán. Fue al bar, con aire de realeza y su pasado puesto, buscó que alguien la reconociera donde no le ceden el paso, ni la sonrisa.
Ha visto la mitad de las danzas del mundo en escena y le han parecido mediocres, busca una entrevista, trae su grito pues nadie llenó el teatro como ella.
Regresa a su asiento,
toma el programa tiene frío,
se pone el abrigo de chinchilla
y sus lentes de sol.
Se sienta
en su noche.

V

Danzas del espíritu

Con la última mano Shiva libera, observa la penuria humana y entrega lágrimas enhebradas en un rosario de cuentas de rudraksha[4].

---

[4] Árbol robusto y perenne cuyas semillas se usan para crear rosarios. Shiva se regocijaba con su danza de creación Tándava, cuando vio la pesadumbre del mundo y comenzó a llorar. Rudra es el nombre antiguo de Shiva y Raksha, son lágrimas de sus ojos.

TRES MUJERES UNIDAS POR UN HILO EN LA INDIA

La danza Odissi convierte a Rasamrit en tres mujeres unidas por un hilo.
¿Es el hilo la música?
¿es el hilo el poema?
¿es el hilo la vida?

Los hilos de las marionetas unidas por las manos del deseo ofrecen en su baile crisantemos a Ganesh. Hay veredas de pubertad para explorar el placer con la cabeza, con el torso, por donde se le va la vida. Hay que reencarnar a Vishnu, enamorar campesinas que pastorean sus rebaños como Krishna, encontrarse a Radha, bailar los cuerpos entre hilos donde se mecen la trinidad y las sorpresas. Es tierra y cielo el baile Odissi que resume a Krishna, a la vez goce y a la vez templo.

Danza satyra

> *En 1836 en el estado de Assam se declaró el bengalí la lengua oficial. Para sobrevivir, el idioma asamés comenzó a bailar con los pies de las mujeres.*

El baile de las mujeres imita de los monjes la reverencia que provoca el hambre. Resistió en bengalí el cuerpo para purificar a Krishna como avatar de Vishnu, como la oración de los monjes en una súplica de ayuno.

Y la danza de la noche pasó la antorcha a las mujeres en el abecedario de las *mudras*[5], en sus gestos de manos que diseñan el aire, que narran leyendas, que electrifican como rayos por los ojos con caras y ceños fruncidos o con miradas tristes, con enamoramientos y líbido. Narran la encarnación de Krishna teñido en su condición de semidios tentado por la carne.

---

[5] Las mudras en las danzas de la India y en yoga, son gestos de manos que cuentan historias y leyendas.

DANZA DE LA FLOR DE LOTO
[Dinastía Tang. Xi'an, China]

Danzando la flor de loto perdí una sandalia en el lago, volvió entre pétalos y olas, entre escamas caídas de un pez color crepúsculo de la garganta del agua.

Doblé la rodilla y se me resbaló la otra, y fue balsa. A mis pies, pececillos, limaban a besos toda huella de callos. Renazco descalza, como raíz de flor de loto.

Desde el lodo, enloquece la lama por mis brazos y desempolva el fondo. Al bailar, atraigo a mis entrañas el lugar donde nace el espíritu, el que se esculpe como hielo derritiéndome sobre el lago a los plañidos de un *liu-xin*[6].

Brazos, manos, piernas, torso y hasta el último meridiano purifican el pantano.
Emerge la flor de loto desnuda.
Soy yo.

---

[6] Instrumento chino cordófono y ovoide de madera y cuerdas de metal.

DANZA DE LAS CIEGAS

Para bailar *La Danza de los Ojos Cerrados*, palpan, permanecen un año en un convento, en la oscuridad de la melodía, hasta que descubren la llama de la penumbra en partituras que se escriben en las venas, ahí donde se interpretan otras orillas de la fe.

El cuerpo brota señales que nadie ve, libera dopamina en los espejos. Los vellos husmean movimiento y traducen el sonido.

Oler el propio cuerpo y los ajenos, gustar la caricia de la noche, y en algún choque, lamer la propia arcilla.

La ceguera pone levadura al tacto, al oído, a los aromas, a la lengua. Los pies catan la temperatura del aire con la lentitud de saborear el vino y los brazos aletean su luz, la danza compensa el ojo.

MÁS ALLÁ DEL CUERPO, EL ESPACIO

In memoriam Trisha Brown

Ella descubre que en el aire hay árboles invisibles. Que bailar es (a)saltar las ramas, personalizar el éter en un teatro sin adrenalina, echarse clavados en la leche de estrellas que llueve sobre las hojas. Ahí se acarician sedas que se han teñido en tinajas de agua con piel de cebolla, y cuelgan su color secándose al sol para volverse luz en el terciopelo del durazno. Se descubre, como dardo al aire alarga su oleaje, es baile de lianas en tardes de viento, serpentinas que no se atoran, carretes de hilos desovillados como travesura de nietas. La danza invade espacios, más allá de contornos, y aún tras el final y en silencio, queda un movimiento en la brisa algo, áurico que l e v i t a.

DANZA DE LA RAMA

Sobre la penúltima rama de esta danza, donde nunca se posó un pájaro, donde nunca amainó una tormenta, este poema baila taladrando los ecos de la madera del flamenco.
Un, dos, **tres,**
cuatro, cinco, **seis,** siete, **ocho,** nueve, **diez**
un **dos**, palma, palma, **al tres**,
recoge la falda.. **olé,** florea con duende, cierra **diez**
un **dos**, un, dos, **tres**, recoge la falda.. **olé**, florea y **vuel**ta, cierra**, diez.** -----
Despuntan cuerdas de guitarra al apagar en seco, un hoyo del tronco, rama, mesa, apenas humedece una marca, una gota que salpicó un olán del tornado rojo, un pringue un hechizo en la mesa, la magia limpia del baile como último sudor.

VI

Shiva Shakti

Danza etérea hacia el absoluto, unión divina El amor y la danza cósmica de los dioses nunca se acaba

DANZA MANIPURI

Mientras se danza, en Manipur se detiene el tiempo, el amor, por más que lo decida, no puede morir... está en cada vuelta, en el flechazo de Radha y Kirshna, en el mareo de danzantes, en el ruedo de sus faldas de luna

llena.
Es un rotar de primaveras que acaba el ciclo y

recomienza.
Como el amor, cada ausencia que se desvanece a los ojos de amantes, como cuando se separan de su espacio en el baile y regresan de la mano de la llama.
Danza de pies escondidos bajo telas serpentea y posa la punta sin ruido, sin despertar rumores.
Y el tambor *brigdam* reniega, y lo comenta con los platillos, el tambor *pung* hace ronda con timbales, la flauta y la pena. Y todos condimentan el baile Manipuri.
En el crisol de sabores y la promesa es, una vez más, la primavera.

Danza del deshielo

Los inuit bailan al descongelar la sangre,
nombran (sin) cuenta sílabas de nieve
y quiebran el hielo del mundo con el ritmo cardíaco de
Nunavut.
El vapor de hielo emerge de tambores
como legado de muertos
para que no se congele el olvido.
Se baila la búsqueda en el frío,
la caza, el corte de pieles,
en el ademán de la pesca y de la caña
bajo el latido de gritos tonales para avivar las llamas.
Sin la nieve, los iglúes se derriten
¿a dónde se evaporarán las danzas sin el canto de
$$\text{gemidos?}$$
¿a dónde viaja el eco de las pieles?
¿cómo celebrarán la agonía de los témpanos y el
desvanecimiento de la nieve?

DANZA URGENTE DE SHIVA-SHAKTI

Shiva se desconoce rehilete de brazos intermitentes. No controla la desobediencia del néctar sagrado de los templos desde que sólo castas altas danzaban a las deidades.
Se llora la naturaleza, el sudor del baile. Se tala la esencia del nido.
Urge revertir las manecillas para cimbrar al mundo, renacer del tercer ojo, girar la semilla en batalla de sombras (el mundo está en paréntesis)
y aparece el beso para fecundar otra unión,
renacer otra semilla.

Rosario para Shiva

Desde la desesperanza del mundo a Shiva le rodaron
lágrimas, rosas diminutas, cuentas, semillas del árbol
                              sagrado.
Cada cuenta guarda su rostro y derrama el fruto de sus
ojos para lo vivo.
Contempla el rezo con las manos, mantras néctar utopía,
revertir el flujo de constelaciones, con la ofrenda de sus
lágrimas a los devotos. Piden la plegaria, los mantras,
revertir el desacierto.
Empezar de nuevo...

ORQUESTA DE ESTRELLAS

Hace siglos y madrugadas en España, Juan Roget de Gerona, se asoma a su telescopio a las cinco de la mañana y mira la danza de los planetas y la orquesta de las estrellas. Cada uno descansa en el espiral de su melodía y posa su cadencia en clave de sol.

Los cometas puntualizan su llegada sopesando el índigo; ignoran las mañanas malvas, el universo jade o el reinado de la aurora boreal.

Hay que asir la noche penetrando el tubo, y traspasar con los ojos el himen de vidrio. Las estrellas intervienen; suenan a clavicémbalo. El telescopio viaja por el infinito de uncírculo, el científico desdobla lo cóncavo de lo convexo y todo se torna vorágine. Ahí el alma se encoge, se asume hormiga, átomo, apenas un paso de danza en el universo.

Danza de la sombra

La danza de la sombra sobrepasa todos los bailes y derrama en su camino engendros de fuego que quisieron quedarse. La silueta juega a la misión de apoderarse de la luz en el parpadeo de los ojos, como luciérnagas y persigue el contorno en su propia línea puntiaguda.
Pero el destino queda siempre como estrellas
bailando sobre alfileres.

EL ENTIERRO DEL VIENTO
[Surinda, Siberia. Danza evenki]

Dejaron al oso negro a la intemperie para que el viento macere sus tripas y su sangre.
Es el entierro del viento.
Un chamán navegó el río Amur para encender la primera chispa con un chasquido de astillas que tardaron en secar. Habla evenki y el lenguaje de los peces, de los animales muertos.

Lee mensajes de cuervos tras devorar las entrañas del último oso que se sacrifica, y emite onomatopeyas de frío y de incertidumbre. Los guerreros evenki danzan sobre el lago Baikal con pasos de picahielos, y al extender sus pieles, hacen subir espíritus de renos y de nómadas que poblaron la taiga siberiana.

U-lu-la el viento monosilábicamente, preservan la danza del hielo y alimentan la plegaria; son última fogata, última ceniza, penúltimo rezo.

Danza congelada

La bailarina llega al escenario de enero. Los músicos afinan. El oboe da un *la* al chelo, mas la danza se durmió en el pradera y está congelada.
Sigue soñándose aliento en el mapa del colibrí, ligereza de alas de libélula, mas sus pies entumidos son ladrillos de hielo en el centro del teatro.
El maestro de ceremonias anuncia la danza congelada junto a la escultura en hielo. Empieza la caricia de una flauta, el roce de los violines.
Gota a gota, escurre la música en la curvatura del cuello del gran cisne. Danza la batuta: su geometría convierte el cisne
en charco de plumas.

Decadencia de Loïe Fuller

Llegó Isadora Duncan que ha admirado a Loïe Fuller, durante un impulso donde exploraba lenguajes, extremidades, siluetas, coreografiadas esculturas, cuerpos que gritan musas, estatuas griegas.

Loïe pintaba el espacio con sus arrullos de elefante, con serpentinas vías lácteas de tela, más allá de su contorno y con reflectores de luces que la iban dejando ciega en su propia decadencia de colores. Isadora se apropió de bastones de bambú, se llevó de Europa organzas, sedas, chifones, para mostrar más hombro, más escote, porosidad en la niebla, transparencia; la espuma de las olas.

Loïe se escondía en su maremoto, bajo su propia retina dañada; creaba la magia de sábanas iridiscentes donde la protagonista era la luz, era el aire en movimiento, era el agua, el fuego, no ella, era su baile alas de libélula. Cómo duele el vuelo.

Se entrenaba de uñas en un salvajismo a la Rousseau de la naturaleza, intervenía espacios, ejercitaba de sus brazos la fuerza, y cuando ya no podía más, cuando sus músculos adictos al hielo para no sentir, cuando había que entumir el dolor...la avientan por fin al escenario.

La música palpita, es ahí cuando viene la resurrección, y las serpentinas cobran vida como pócima de hechiceras; y las telas laten, irradian entrañas, pulsan su necesidad primitiva de moverse. Esa garra de leona que corona sólo a las bailarinas convencidas, las que gimen, las que aún rugen en su propia agonía, que obedecen a las venas.

Baila, baila, como la única versión de la vida.

Shiva-Shakti, La nueva fecundación

Shiva cultiva la semilla de la danza como volver de nuevo a la consciencia; a la fuente, a la bisagra de todo cuando se mueve como gestación de larva, crisálida, mariposa y la plasmó en su tercer ojo donde ha incendiado el cosmos en su meditación de fuego.
Shakti la ha de brotar de nuevo, la manifiesta desde la energía que asciende de la tierra al útero que todo lo puede. Shiva Shakti motor que giró cuatro brazos y sus antónimos rehiletes hacia los cuatro puntos cardinales, a los planetas y a otras vías lácteas de brazos que no se detienen con pasos contundentes de toda danza posible.

Y EN EL AIRE DE NUEVO

De la roca marina se eleva la gaviota
aleteo e impulso de plumas,
surge la meditación del aire líneas de victoria de turpiales,
el misterio de un cóndor.
Ábrase la orquesta: Bienvenida la lluvia, el desliz de la culebra, el brinco, el cascabel, el croar de la rana, que ya des-pa-ci-to nace el ritmo, el mundo, la danza entre la prohibición y el primer peligro. Entre líneas puntiagudas, el baile hilván y soplo, fuego efímero tejido en el telar de cuatro brazos de Shiva que conforman el paréntesis protegen la llama del rehilete.

Estudio vacío

Lo bailao nadie te lo quita. La abuela.

Cuando se apagan las luces y nos vamos,
¿Quién baila en el estudio?
Un collage de movimientos que soñaron salir del cuerpo, siluetas que los bailarines repasan antes de dormir, sus dobles que anhelan seguir practicando para ignorar el cansancio que les limita el cuerpo, espíritus de bailarines muertos que quedaron en el olor a polvo con leotardo que ha sudado la última coreografía ahí, donde fueron felices. El estudio que parece vacío, al apagar las luces, está repleto de deseos que se quedaron palpitando. El estudio vacío es la única danza perfecta.

DANZA DE LAS ZAPATILLAS

Al final, las zapatillas quedan en el escenario, zapatos de espectadores las contemplan. Todos se marcharon descalzos. Queda el polen del poema.
Marionetas que se rebelan y escriben el holograma de la danza en el espacio. La llaman secuela, mándala, polvo. Queda el vaho de pies pinceles, el diseño de pintura color aire, la música de espirales, ojos de huracanes. Quedan los espíritus de amantes que se consagraron al amor y dejaron el eco de su cuerpo saliendo, como Aladino, de las zapatillas.

EL TELÓN

El telón observa la función. No se la sabe de memoria porque los recuerdos de un telón son de la brisa.
Suya será la última espiral, el pergamino de todo aliento que ha pasado por el escenario. El telón guarda el polvo de los ensayos y los sudores del estreno.
Amalgama la suma de bailes que reflejan en su terciopelo esas partículas flotando en el cilindro de luz del último reflector, tras el eco de aplausos.
El telón es el Merlín del teatro, y al espiralearse, recuerda la primera viruta que bailó en la tarima del teatro.

*Caricia del aire
reverencia danza pulso, sudor.
Cuando tienes que bailar,
ni el sudor,
ni el movimiento
te son indiferentes.*

...Satisfecha descansó la danza en la poesía y Terpsícore se quitó su corona de guirnaldas.

ACERCA DE LA AUTORA

SILVIA SILLER. Poeta mexicana, consultora en comunicaciones en temas de filantropía y América Latina y promotora cultural. Su poesía acompañó la exposición Man(o)rar de la artista Luciana Corres en el Museo Franz Mayer en la ciudad de México en el 2018 y en el Museo Textil de Oaxaca en el 2017. Finalista del concurso Entreversos 2017 de la Fundación Mar Azul en Venezuela con su poemario Los cuatro brazos de Shiva. Sus poemarios han sido reconocidos en el *International Latino Book Award* 2015 y 2016. Recibió el premio Gabriela Mistral, Julia Burgos y Frida Kahlo otorgado por el grupo Galo Plaza en Nueva York por su contribución a la cultura latinoamericana en el 2015. Ha participado en festivales internacionales de poesía: Granada, Nicaragua 2015, 2016 y 2018, la Feria Internacional de Guadalajara 2016, El festival internacional de Cali, Colombia en 2017, Gabriela Mistral en Chile 2018, The Americas Poetry Festival of New York 2015 y 2017 y ha sido visitante distinguida de Santa Ana en el Salvador. En Nueva York, colabora con la comunidad hispana con talleres, conferencias y ha hecho lecturas en el Museo Hispanic Society de Nueva York, New York Public Library, el Festival de Poesía de CUNY, entre otros. Tiene maestría en Relaciones Internacionales de Columbia University y un diplomado en Literatura Moderna y Contemporánea de América Latina así como un Seminario de Escritura de CUNY del 2019. Ha producido teatro- flamenco con poesía. Tiene su consultoría registrada como Mujer Prisma para creación de contenido y traducciones.

ÍNDICE

Danza de cuatro brazos

Prólogo · 9
Nuevo génesis · 17

I
Primer movimiento

Del agua · 21
La edad de Sasha Waltz · 22
Del movimiento · 23
Los cuatro brazos de Shiva Nataraja · 24
De la tierra · 25
Coreografía de "el bailarín del desierto" · 26
La mirada de la coreógrafa · 27
El origen, la danza de la carnada · 28

II
Danzas prohibidas del primer brazo de Shiva

El baile de la crisálida · 31
Amor brujo · 32
Danza del agave · 33
Se prohíbe bailar · 34

El oblivion de Piazzola · 35

Danza khaliji, la danza de vientre · 36

Feliz gota, pequeña muerte · 37

III
Danzas de la fertilidad

Ix-chel, diosa maya de la luna, borda diluvios · 41

Entre dioses héroes y demonios de Costa Malabar · 42

Danza de los abanicos en Corea · 43

Pintura de bailarinas en Egipto · 44

Voladores de papantla · 45

El sebucán, palo de las cintas · 46

Danza tijera · 47

Meditación de la danza del agua · 48

Danza de la geisha · 49

IV
Danzas de guerra

Danza del venado · 53

Clavo de (d)olor en las mujeres · 54

Mata Hari · 55

Matilda Kshesínskaya · 56

La danza contra el tiempo · 57

Ex diva · 58

V
Danzas del espíritu

Tres mujeres unidas por un hilo en la India · 61
Danza satyra · 62
Danza de la flor de loto · 63
Danza de las ciegas · 64
Más allá del cuerpo, el espacio · 65
Danza de la rama · 66

VI
Shiva Shakti

Danza manipuri · 69
Danza del deshielo · 70
Danza urgente de Shiva-Shakti · 71
Rosario para Shiva · 72
Orquesta de estrellas · 73
Danza de la sombra · 74
El entierro del viento · 75
Danza congelada · 76
Decadencia de Loïe Fuller · 77
Shiva-Shakti, la nueva fecundación · 78
Y en el aire de nuevo · 79
Estudio vacío · 80
Danza de las zapatillas · 81
El telón · 82

Acerca de la autora

Colección
MUSEO SALVAJE
Poesía latinoamericana
(Homenaje a Olga Orozco)

1
La imperfección del deseo
Adrián Cadavid

2
La sal de la locura / Le Sel de la folie
Fredy Yezzed

3
El idioma de los parques / The Language of the Parks
Marisa Russo

4
Los días de Ellwood
Manuel Adrián López

5
Los dictados del mar
William Velásquez Vásquez

6
Paisaje nihilista
Susan Campos-Fonseca

7
La doncella sin manos
Magdalena Camargo Lemieszek

8
Disidencia
Katherine Medina Rondón

9
Danza de cuatro brazos
Silvia Siller

10
Carta de las mujeres de este país / *Letter from the Women of this Country*
Fredy Yezzed

11
El año de la necesidad
Juan Carlos Olivas

12
El país de las palabras rotas / *The Land of Broken Words*
Juan Esteban Londoño

13
Versos vagabundos
Milton Fernández

14
Cerrar una ciudad
Santiago Grijalva

15
El rumor de los duraznos
Linda Morales Caballero

16
La canción que me salva / *The Song that Saves Me*
Sergio Geese

17
El nombre del alba
Juan Suárez

18
Tarde en Manhattan
Karla Coreas

19
Un cuerpo negro / *A Black Body*
Lubi Prates

20
Sin lengua y otras imposibilidades dramáticas
Ely Rosa Zamora

21
El diario inédito del filósofo vienés Ludwig Wittgenstein /
Le Journal Inédit Du Philosophe Viennois Ludwig Wittgenstein
Fredy Yezzed

22
El rastro de la grulla / The Crane's Trail
Monthia Sancho

23
Un árbol cruza la ciudad / A Tree Crossing The City
Miguel Ángel Zapata

24
Las semillas del Muntu
Ashanti Dinah

Colección
TRÁNSITO DE FUEGO
Poesía centroamericana y mexicana
(Homenaje a Eunice Odio)

1
41 meses en pausa
Rebeca Bolaños Cubillo

2
La infancia es una película de culto
Dennis Ávila

3
Luces
Marianela Tortós Albán

4
La voz que duerme entre las piedras
Luis Esteban Rodríguez Romero

5
Solo
César Angulo Navarro

6
Échele miel
Cristopher Montero Corrales

7
La quinta esquina del cuadrilátero
Paola Valverde

Colección
PIEDRA DE LA LOCURA
Antologías personales
(Homenaje a Alejandra Pizarnik)

1
Colección Particular
Juan Carlos Olivas

2
Kafka en la aldea de la hipnosis
Javier Alvarado

3
Memoria incendiada
Homero Carvalho Oliva

4
Ritual de la memoria
Waldo Leyva

5
Poemas del reencuentro
Julieta Dobles

6
El fuego azul de los inviernos
Xavier Oquendo Troncoso

7
Hipótesis del sueño
Miguel Falquez-Certain

8
Juntamente
Ricardo Yañez

Colección
LABIOS EN LLAMAS
Poesía emergente
(Homenaje a Lydia Dávila)

1
Fiesta equivocada
Lucía Carvalho

2
Entropías
Byron Ramírez Agüero

3
Reposo entre agujas
Daniel Araya Tortós

***

Colección
SOBREVIVO
Poesía social
(Homenaje a Claribel Alegría)

1
#@nicaragüita
María Palitachi

***

Colección
MEMORIA DE LA FIEBRE
Poesía de género
(Homenaje a Carilda Oliver Labra)

Colección
LOS PATIOS DEL TIGRE
Nuevas raíces – Nuevos maestros
(Homenaje a Miguel Ángel Bustos)

1
Fragmentos Fantásticos
Miguel Ángel Bustos

2
En este asombro, en este llueve
Antología poética 1983-2016
Hugo Mujica

3
Ceremonias de la sed
Mery Yolanda Sánchez

4
Bostezo de mosca azul
Álvaro Miranda

Colección
MUNDO DEL REVÉS
Poesía infantil
(Homenaje a María Elena Walsh)

1
Amor completo como un esqueleto
Minor Arias Uva

***

Colección
PARED CONTIGUA
Poesía española
(Homenaje a María Victoria Atencia)

1
La orilla libre
Pedro Larrea

***

Colección
CRUZANDO EL AGUA
Poesía traducida al español
(Homenaje a Sylvia Plath)

1
La luna en la cúspide de mi mano
Lola Koundakjian

Para los que piensan como Hans Bos que *cuando bailo no puedo juzgar, no puedo odiar, no puedo separarme de la vida…. solo puedo ser feliz y plen[a] por eso bailo*. Este libro se terminó de imprimir en el mes de julio de 2019 en los Estados Unidos de América.

www.ingramcontent.com/pod-product-compliance
Lightning Source LLC
Chambersburg PA
CBHW030121170426
43198CB00009B/692